À Lina Caravi, ma mère,
Pierre à Manu, mon père
et Aline, ma grand-mère,
Gabriel et François,
mes deux grands-pères,
tous paysans.
Grâce à leur éducation
terrienne et montagnarde,
j'ai découvert qu'il fallait
comprendre et aimer la nature
pour pouvoir la respecter.

Marc Veyrat

Quatre saisons
(à la carte)

Photographies
de Daniel de Nève

Stylisme
de Isabelle Hintzy

HACHETTE

Sommaire

Je remercie pour leur collaboration :

ma famille, Christian Millau et Bernard Loiseau ; Emmanuel Renault (mon second), ma maman et madame Ballet ; Marie-Ange, Eric et Isabelle (hôteliers à Manigod) ; Isabelle Hintzy, Carmèle Delivré, Daniel de Nève ; mes fidèles et incontournables amis, Pierre et Léo ; Béatrice Balayer, madame Lansard, monsieur Couplan ; mes amis de Thônes, Léo Thévenet (affineur), Roby Rosset (restaurateur), Pierre Saléro, dit « Papi », Jean-Marc Bozon, Joseph Lunelli (passionné de plantes) ; Pierre Baud, René Sommier (mes formateurs) ; Denis Carrier, de Chamonix ; mes copains de Manigod, le grand Mulot et son adorable « Manule », et René Fillion, de La Charmette ; Jean-Pierre Veyrat (boulanger), Régis le Gaulois (pour ses jambons), Simon Veyrat et sa famille (pour leur reblochon), Jean-Claude Secchi et son épouse... et tous les Savoyards !

Marc Veyrat

Un Savoyard des neiges et des alpages

Il y a de la magie dans la cuisine, du mystère, mais cela n'a jamais été aussi vrai que dans la cuisine de Marc Veyrat, tout imprégnée des saveurs et des parfums des plantes et produits de la montagne d'où il vient, de cette vallée de Manigod où il a appris à vivre. Jusqu'à ce qu'il descende en ville, dans la maison bleue de Veyrier-du-Lac, Marc Veyrat a eu la vie d'un Savoyard des neiges et des alpages. Il lui en reste cette sûreté d'allure qui emporte la sympathie et cette authenticité dans la création, cette audace, qui est sa folie, dans l'exploration des territoires nouveaux du goût.
Marc Veyrat revendique ses origines de paysan comme on déploie un drapeau. Tout son savoir-faire et toute son inspiration viennent de là. Les deux premières décennies de son existence, censées avoir été vécues « comme au siècle dernier », ont fait toute son éducation. Personne n'a jamais, comme lui, attaché autant d'importance à cette fondamentale école du goût et de l'odorat que pouvait être, naguère encore, une ferme comme celle de ses parents.

Odeurs et saveurs

« Mes premiers souvenirs s'attachent aux odeurs et aux saveurs emplissant notre ferme », raconte-t-il. Elles remontent de loin à sa mémoire et lui piquent encore les yeux comme une vieille nostalgie. C'est le « neva » où se trouvait le grand coffre à plusieurs cases où étaient serrés pour l'hiver, l'alimentation des bêtes, l'avoine, le son et la farine. C'est le pain, conservé dans le son, qu'on allait chercher « en bas », une fois la semaine, à Manigod. C'est la première pièce du chalet, jamais chauffée, dans la cheminée de laquelle était fumés les jambons au goût de genièvre, de cerisier et de pomme de pin. Ce sont les bêtes, l'odeur des bêtes qui venait jusque dans cette pièce, par la porte ouvrant sur l'étable. C'est la « séchée » où l'on fabriquait le reblochon et qui sentait bon la toile, le lait caillé, la crème et le petit lait. C'est la cave à cidre, le parfum de la pomme et des fûts de chêne, les effluves des fruits fermentant pour préparer l'eau-de-vie. C'est le poulailler, qui sentait le maïs, et l'écurie du cheval de trait, d'où se dégageait une bonne odeur d'avoine. C'est la grange, enfin, où était entassé le foin odoriférant...

Au rythme des saisons

Cette naissance en milieu rural a plus que de l'importance. Pareil à ses ancêtres, Marc Veyrat sait vivre d'instinct avec les saisons, au rythme de la montagne. Il y revient sans cesse, pour méditer, s'élargir les idées et cueillir ses herbes sauvages comme il le faisait autrefois lorsqu'à la demande de sa mère, il allait chercher« l'herbe verte pour faire la soupe ». Chapeauté, sac à dos et brodequins aux pieds, Marc Veyrat part deux à trois fois par semaine, en compagnie de son équipe, et court les prés et pans rocheux pour y « faire son marché » : là le rumex, la bourrache, le carvi ; ici, la gentiane jaune ou l'achillée. Tous ces arômes singuliers et délicats, il les traduit dans une cuisine audacieuse et légère qui, depuis des années, fait la renommée de son « Auberge de l'Éridan », sur les bords du lac d'Annecy. Et c'est un peu de cette magie gourmande et embaumée de parfums champêtres qu'il nous livre au fil de ces *Quatre saisons.*

Printemps

Reblochon fermier de Simon du Planet

Pour 3 personnes

1 reblochon
6 vieilles pommes de terre du pays
6 tranches de jambon fumé du pays
12 rondelles de saucisson sec fumé

La salade :

1 laitue
2 cuil. à soupe de vinaigre
4 cuil. à soupe d'huile
1 gousse d'ail
quelques pistils de fleurs de ciboule sauvage
sel, poivre

Les pommes de terre

Lavez soigneusement les pommes de terre, ne les épluchez pas, salez-les, enveloppez-les dans une papillote d'aluminium et faites-les cuire sur la braise 40 min environ (temps variable selon leur grosseur). Retournez-les après 30 min.

La salade

Épluchez la salade, lavez-la et essorez-la. Préparez la vinaigrette avec le vinaigre, du sel, du poivre, l'ail haché et l'huile. Assaisonnez la salade à la dernière minute. Ajoutez les pistils de fleurs de ciboule sauvage.

La présentation

Retirez la croûte du dessus du reblochon, posez-le sur un plat et passez-le sous le gril jusqu'à ce qu'il se colore légèrement. Servez en même temps les pommes de terre, la salade, le jambon, le saucisson et le reblochon de Simon Veyrat dont chacun se servira avec une cuillère.

Ce fromage savoyard était à l'origine confectionné avec le lait très crémeux que l'on obtenait en procédant à une seconde traite des vaches : cette opération était désignée du nom de « reblochage ». D'une pâte claire et onctueuse, le reblochon développe des arômes d'herbage ou de sous-bois et est disponible toute l'année.

Morilles sauvages cuites à l'étouffée comme autrefois

Pour 4 personnes
Préparation : 40 min

800 g de morilles sauvages
2 échalotes
10 cl de bouillon de légumes (voir recette de base page 92)
2 cuil. à soupe de Noilly Prat
40 g de beurre
1/2 morceau de sucre
sel, poivre

La préparation des morilles

Coupez les morilles en deux dans la longueur et lavez-les très rapidement 3 fois de suite. Les morilles contiennent beaucoup de sable et de petits cailloux. Agitez-les à la main dans chaque bain et retirez-les de l'eau, avec la main également, pour que toutes les impuretés restent au fond.

La cuisson

Épluchez les échalotes et hachez-les très finement. Faites fondre le beurre dans une sauteuse pouvant aller au four. Faites-y fondre les échalotes, ajoutez le demi-sucre et faites alors légèrement caraméliser à feu vif.
Faites chauffer le four à 160 °C. Ajoutez les morilles dans la sauteuse, mélangez à la spatule, salez-les, poivrez-les et laissez-les rendre leur eau sans cesser de les surveiller et de les mélanger, jusqu'à évaporation complète de cette eau. Arrosez alors avec le Noilly Prat. Faites réduire à sec et à feu vif, puis ajouter le bouillon de légumes. Posez un couvercle et mettez au four pendant 7 à 8 min.

Asperges blanches au jus d'asperges vertes sauvages

Pour 4 personnes
Préparation : 1 h

1,5 à 2 kg d'asperges blanches
2 citrons
gros sel
1 cuil. à soupe de farine

Pour le jus d'asperges vertes :
750 g d'asperges vertes sauvages
1 cuil. à café de bicarbonate de soude
1/2 l de bouillon de légumes (voir recette de base page 92)
3 cuil. à soupe d'huile d'olive
5 cuil. à soupe de vinaigre de vin blanc
sel fin, poivre

Les asperges blanches

Pressez les citrons. Grattez les asperges blanches avec un couteau économe et mettez-les à tremper au fur et à mesure dans de l'eau froide légèrement citronnée.
Faites bouillir de l'eau dans un grand faitout et salez avec du gros sel. Délayez d'abord la farine avec une cuillerée à soupe d'eau, ajoutez peu à peu 2 ou 3 autres cuillerées puis 1/2 litre en remuant sans cesse, pour éviter les grumeaux. Ajoutez enfin un peu de jus de citron (gardez le reste pour le jus d'asperges vertes). Passez ce « blanc » au chinois au-dessus de l'eau bouillante.
Liez les asperges en bottes de 15 et coupez-les à 4 cm de la queue. Plongez-les dans le faitout et faites-les cuire de 15 à 20 min selon leur grosseur. Posez-les sur un linge, retirez les fils, égouttez longuement.

Le jus d'asperges vertes

Faites bouillir de l'eau dans un autre faitout, salez, citronnez et ajoutez le bicarbonate.
Coupez la queue des asperges vertes de façon à ne garder pratiquement que les pointes.
Plongez-les dans l'eau bouillante et laissez cuire 8 min : la cuisson est à point lorsque les pointes, pressées entre deux doigts, s'écrasent en purée.
Égouttez-les et hachez-les grossièrement.
Pesez-les et mixez-les avec le même poids de bouillon de légumes. Ajoutez l'huile, le vinaigre, poivrez et rectifiez l'assaisonnement.

La présentation

Répartissez le jus d'asperges vertes sur les assiettes et disposez dessus les asperges blanches.

Solettes grillées aux fleurs de violettes des champs

Pour 4 personnes
Préparation : 40 min

4 soles portions
5 cl d'huile
1 branche de thym
1 poignée de fleurs de violettes des champs fraîches ou de violettes mauves séchées (moins parfumées)
1/2 l de jus de veau
(voir recette de base page 92)
1 cuil. à soupe de fécule
sel, poivre

La préparation des solettes

Demandez au poissonnier de vider, d'ébarber les soles et d'en retirer la peau noire. Préparez une marinade : effeuillez le thym dans l'huile et réservez. Préchauffez le four à 180°C.

La sauce aux fleurs de violettes

Faites chauffer le jus de veau et vérifiez l'assaisonnement. Délayez la fécule avec 2 cuillerées à soupe d'eau froide. Versez-la dans le liquide à ébullition, mélangez 2 min, puis tenez au chaud dans un bain-marie, ajoutez les violettes, couvrez et laissez infuser 15 min.

La cuisson des solettes

Faites chauffer un gril à feu vif.
Rincez les soles et épongez-les. Salez-les et poivrez-les. Passez-les dans l'huile parfumée. Posez les soles sur le gril pour les quadriller, peau blanche en premier : laissez-les 30 secondes, retournez-les, laissez-les 30 secondes sur l'autre face ; retournez-les côté peau blanche en plaçant les premières rayures perpendiculairement aux rayures du gril, laissez 30 secondes et faites la même chose de l'autre côté. Mettez les soles dans le four chaud et laissez cuire 4 min.
Passez la sauce aux fleurs de violettes au chinois, vérifiez l'assaisonnement.

La présentation

Déposez les soles sur les assiettes chaudes et entourez-les d'un cordon de sauce.

Truite de lac à la fleur de gros sel et au sel de Guérande, au rumex des champs

Pour 4 personnes
Préparation : 1 h

1 truite de lac ou
1 truite de mer de 2 kg
1 grosse poignée de rumex
(ou 1 bouquet d'oseille)
60 cl de bouillon de légumes
(voir recette de base page 92)
25 cl de crème fleurette
1/2 morceau de sucre
sel, poivre
5 ou 6 grains de sel de Guérande

La préparation de la truite

Demandez au poissonnier d'ébarber, de vider et de retirer les ouïes de la truite.

La cuisson de la truite

Faites chauffer le four à 220 °C. Lavez la truite et épongez-la. Assaisonnez-la à l'intérieur et à l'extérieur, des deux côtés. Rincez soigneusement le rumex ou l'oseille. Retirez les grosses tiges dures des feuilles d'oseille. Étalez 20 feuilles de rumex ou faites un lit d'oseille sur une grande feuille d'aluminium ménager. Posez la truite dessus. Ajoutez 10 cl de bouillon de légumes. Fermez hermétiquement et faites cuire au four 50 min.

La sauce au rumex ou à l'oseille

Faites réduire de moitié le reste du bouillon. Coupez le reste du rumex ou de l'oseille en lanières fines. Mettez le rumex dans le bouillon (ajoutez le sucre si vous utilisez de l'oseille) et laissez cuire 8 min à feu vif (2 ou 3 min pour l'oseille). Ajoutez alors la crème, faites chauffer 3 min et passez le tout au mixer, puis au chinois. Salez, poivrez et vérifiez l'assaisonnement.

La présentation

Portez la papillote à table pour que l'arôme qui s'en dégage à l'ouverture soit humé par les convives. Retirez la peau de la truite, parsemez la chair avec les grains de sel et servez la sauce à part.

Si la saveur de la sauce n'est pas assez prononcée, ajoutez quelques feuilles de rumex cru, mixez et incorporez 1/2 jaune d'œuf ; la sauce doit être nappante sans être trop sirupeuse.

Noisette de veau aux mousserons, aux gouttes de chicorée et mousseline de raves

Pour 4 personnes
Préparation : 1 h
+ bain-marie : 1 h

600 g de filet mignon de veau en tranches de 2 cm d'épaisseur
30 g de beurre
sel, poivre

Pour la mousseline de raves et les mousserons :
500 g de raves de cochon (navets ronds)
un peu de sucre
300 g de mousserons
50 g de beurre
sel, poivre

Pour la sauce à la chicorée :
70 g de racines de chicorée sauvage torréfiées, infusées à tiède dans 3 cl d'eau ou 40 g de chicorée en grains solubles, dans 2 cl d'eau (bain-marie : 1 h)
2 jaunes d'œufs
150 g de beurre clarifié
un peu de sucre
sel

Le beurre clarifié et le jus de chicorée
Faites fondre 150 g de beurre à feu doux. Retirez l'écume, versez dans un bol en laissant le petit lait au fond de la casserole. Réservez à température ambiante. Préparez la chicorée de façon à obtenir 4 cuillerées à soupe de jus.

La mousseline de raves et les mousserons
Épluchez et lavez les raves. Coupez-les en petits dés et faites-les cuire à la marmite à pression pendant 7 min à partir du chuintement de la soupape. Mixez-les, salez et sucrez. Gardez au chaud. Lavez rapidement les mousserons, 3 fois de suite. Égouttez-les et faites-les sauter avec 50 g de beurre. Assaisonnez-les et réservez au chaud.

La cuisson du filet de veau
Salez et poivrez la viande. Faites fondre 30 g de beurre dans une poêle. Saisissez-y la viande, faites-la colorer sur les deux faces, puis laissez cuire à feu doux 2 min de chaque côté. Couvrez et réservez au chaud.

La sauce à la chicorée
Mettez les jaunes d'œufs dans une jatte dans un bain-marie non bouillant, fouettez-les jusqu'à ce qu'ils blanchissent, incorporez-y peu à peu le jus de chicorée. Fouettez sans cesse jusqu'à ce que le mélange épaississe puis, hors du bain-marie, versez le beurre clarifié en mince filet, sans cesser de fouetter. Salez très légèrement et sucrez pour adoucir l'amertume de la chicorée.

La présentation
Déposez dans les assiettes la viande et les légumes, ajoutez un cordon de sauce et quelques grains de chicorée.

Bœuf ficelle fou d'herbes de montagne, pommes de terre cuites au saindoux

Pour 4 personnes
Préparation : 45 min

800 g de filet de bœuf coupé en deux longs cylindres, ficelés
350 g de pommes de terre nouvelles
50 cl de jus de veau (voir recette de base page 92)
1 tige d'armoise
4 tiges de sauge sauvage
1 branche de thym
4 ou 5 tiges de « pimpiolet » (serpolet)
15 baies de genièvre
1 cuil. à café de graines de « fnü » (fenouil sauvage)
1 morceau de sucre
80 g de saindoux (ou de beurre clarifié)
sel, poivre

Les pommes de terre au saindoux

Épluchez les pommes de terre, lavez-les. Mettez-les entières dans une casserole d'eau froide, égouttez-les aux premiers frémissements, faites-les dorer à feu vif dans le quart du saindoux. Égouttez puis recouvrez les pommes de terre avec le reste de saindoux (réservez-en un peu pour la cuisson du bœuf). Faites cuire à feu doux 40 min. Salez à mi-cuisson et ajoutez 1 morceau de sucre.

La cuisson du bœuf ficelle

Faites chauffer le four à 250 °C. Assaisonnez le filet de bœuf et faites-le colorer dans une cocotte dans le reste du saindoux, à feu vif. Rincez les herbes et épongez-les. Tapissez le fond de la cocotte avec les 3/4 des herbes et des graines, reposez la viande sur ce lit, faites chauffer 30 secondes à feu vif, couvrez et faites cuire au four de 10 à 20 min selon que vous aimez la viande bleue ou cuite à point. Vous pouvez, dans la cocotte, remplacer l'armoise, la sauge sauvage et le « pimpiolet » par une branche de thym, une branche de sauge et 2 étoiles d'anis étoilé.

La sauce aux herbes

Filtrez le jus de veau. Faites-le réduire jusqu'à 20 cl, rectifiez l'assaisonnement, ajoutez le reste des herbes effeuillées et le reste des graines, couvrez, laissez infuser 2 min, puis filtrez à nouveau.
Faute d'herbes sauvages, vous pouvez mettre dans l'infusion : 1/2 branche de thym et 2 feuilles de sauge.

La présentation

Découpez la viande, disposez-la sur les assiettes bien chaudes avec les pommes de terre, ajoutez un cordon de sauce et servez.

Gâteau de semoule au petit lait, sauce caramel

Pour 4-6 personnes
Préparation : 30 min

60 g de raisins secs
4 cuil. à soupe de vieux rhum
1 feuille de gélatine
30 cl de lait entier,
cru de préférence
40 g de semoule de blé
2 jaunes d'œufs
70 g de sucre semoule
40 g de beurre mou
20 cl de crème fleurette très froide

Pour la sauce caramel :
150 g de sucre
25 cl de petit lait
(voir recette de base page 92)

Le gâteau de semoule

Rincez les raisins et arrosez-les avec le rhum. Ramollissez la gélatine dans un bol d'eau froide. Faites chauffer le lait, versez-y la semoule et laissez-la gonfler tout en remuant à la spatule jusqu'à totale absorption du liquide. Égouttez la gélatine et incorporez-la à la semoule, hors du feu, avec les raisins et le rhum. Mélangez et laissez tiédir.

Fouettez vigoureusement les jaunes d'œufs avec 70 g de sucre. Lorsque le mélange est bien mousseux, ajoutez le beurre par petites quantités, en continuant à fouetter. Incorporez cette préparation à la semoule tiède et mettez au réfrigérateur. Fouettez la crème fleurette jusqu'à ce qu'elle double de volume et devienne ferme. Incorporez-la délicatement à la semoule bien froide mais pas encore prise. Versez la semoule dans 4 ou 6 moules individuels. Remettez le tout au réfrigérateur et laissez prendre au moins 2 h.

La sauce caramel

Faites cuire 150 g de sucre avec 10 cl d'eau jusqu'à l'obtention d'un caramel brun. Ajoutez alors le petit lait en prenant garde aux projections et laissez réduire cette sauce jusqu'à ce qu'elle soit sirupeuse.

La présentation

Démoulez les gâteaux bien froids sur les assiettes et entourez-les d'un cordon de sauce bien chaude.

Beignets à la fleur d'acacia, coulis de miel

Pour 4 personnes
Préparation : 30 min

30 grappes de fleurs d'acacia
quelques cuil. de lait
1 ou 2 cuil. à soupe de sucre candi
huile pour friture

Pour la pâte à beignets :
125 g de farine
1 pincée de sel
1 cuil. à soupe de beurre fondu
12 cl de lait
6 cl de bière
2 blancs d'œufs
1 filet de cognac

Pour le coulis de miel :
4 cuil. à soupe de miel d'acacia
2 cuil. à soupe de vinaigre de vin blanc
25 cl de crème
2 cuil. à soupe de crème fleurette très froide

Les fleurs d'acacia

Mettez les fleurs d'acacia à tremper dans quelques cuillerées de lait, couvrez, laissez 2 heures au réfrigérateur. Retournez les fleurs au bout d'une heure.

La pâte à beignets

Mélangez la farine, le sel, le beurre fondu, le lait et la bière. Laissez reposer.

Le coulis de miel

Faites chauffer le miel dans une petite casserole, laissez-le colorer légèrement, ajoutez le vinaigre et laissez réduire jusqu'à ce que l'ensemble devienne liquoreux. Laissez brunir un peu, puis incorporez les 25 cl de crème et faites réduire de moitié jusqu'à ce que le mélange soit onctueux. Goûtez et ajoutez un peu de miel ou un peu de vinaigre suivant les arômes que vous souhaitez obtenir. Laissez refroidir. Fouettez la crème fleurette jusqu'à ce qu'elle ait doublé de volume.

La cuisson des beignets

Faites chauffer l'huile de friture à 170 °C. Égouttez les fleurs, épongez-les et parsemez-les de sucre candi. Battez les blancs d'œufs en neige et incorporez-les délicatement à la pâte ainsi que le cognac. Trempez les grappes de fleurs une par une dans la pâte, prenez-les avec une petite cuillère et plongez-les dans la friture chaude. Retournez les beignets après 1 min de cuisson, laissez-les cuire 1 min sur l'autre face, retirez-les et égouttez-les sur papier absorbant. Continuez la cuisson des beignets par petites quantités.

La présentation

Lorsque le coulis est froid, mixez-le et ajoutez la crème fouettée avec une spatule. Servez avec les beignets bien chauds.

Fromage blanc, salade de pissenlit et vinaigrette à l'ail des ours

Pour 4 personnes

500 g de fromage blanc égoutté
4 poignées de pissenlits nouveaux
12 feuilles de mauve jeune
12 feuilles de pimprenelle jeune
2 cuil. à soupe de vinaigre
3 cuil. à soupe d'huile d'arachide
1 cuil. à soupe d'huile de noix
5 fleurs d'ail des ours
1/2 morceau de sucre
fleur de sel de Guérande
poivre mignonnette
sel

La salade de pissenlit

Épluchez et lavez très soigneusement les pissenlits. Lavez et épongez les feuilles de mauve et de pimprenelle. Laissez-les entières et mélangez-les aux pissenlits. Pilez les petites sommités blanches de l'ail avec le sucre, du sel, le vinaigre et du poivre mignonnette. Ajoutez l'huile en battant pour émulsionner la sauce. Versez-la sur les pissenlits et mélangez dans un grand récipient.

La présentation

Poivrez le fromage blanc et salez-le avec de la fleur de sel de Guérande.
Servez ensemble le fromage blanc, la salade et quelques pommes de terre rates en robe des champs.

Jadis, dans la vallée natale de Marc Veyrat, le caillé frais participait pour beaucoup aux recettes quotidiennes. C'est que le fromage élaboré, en cours d'affinage, était destiné à la vente. Sur place on consommait le produit brut, la matière première d'origine au puissant goût de lait.

Été

Soupe de lait tiède au miel de sapin

Pour 6 personnes

2 l de lait
1 pincée de sel
2 cuil. à soupe de miel
6 parts de reblochon blanc ou fromage blanc moulé déjà chauffé (chez votre crémier)
fleur de sel de Guérande

C'est une vieille recette que l'on utilisait dans les chalets de montagne.
Réduisez le lait de moitié. Incorporez-y à tiède 2 cuillerées à soupe de miel. Laissez refroidir.
Dans chaque assiette creuse, mettez une part de reblochon blanc froid ou « tomme blanche ».
Salez la « tomme blanche » au sel de Guérande.
Versez autour le liquide que vous aurez réchauffé au dernier moment et servez.

Longtemps le miel fut le seul édulcorant dont on disposait. Référence « sucrée » par excellence, il est utilisé depuis toujours dans nos montagnes pour enrichir les plats les plus divers et de façon parfois très audacieuse.

Salade de bourrache aux écrevisses

Pour 4 personnes
Préparation : 40 min

48 écrevisses moyennes à pattes rouges
gros sel
100 g de frisée
100 g de cresson
50 g de chénopodes (ou pousses d'épinards)

Pour la vinaigrette :
1 cuil. à soupe de vinaigre de vin rouge
1 cuil. à soupe de vinaigre de vin blanc
1 cuil. à soupe d'huile d'olive
3 cuil. à soupe d'huile d'arachide
4 cuil. à soupe de bouillon de légumes (voir recette de base page 92)
1 sucre frotté sur une orange
sel, poivre blanc

Pour le décor :
70 g de fleurs de bourrache (ou de violettes et bleuets)

La cuisson des écrevisses

Demandez au poissonnier de châtrer les écrevisses (ôter le petit boyau noir), mais n'attendez pas plus de 2 h pour les faire cuire une fois cette opération effectuée. Faites bouillir 4 litres d'eau, salez avec du gros sel, jetez-y les écrevisses et faites-les cuire à grosse ébullition pendant 1 min.

La frisée, le cresson et les chénopodes

Lavez les salades dans trois eaux. Égouttez-les. Trempez les chénopodes 10 secondes dans de l'eau bouillante, égouttez-les et séchez-les avec un torchon.

La vinaigrette

Préparez une vinaigrette avec les vinaigres, du sel, du poivre, le sucre, le bouillon de légumes et les 2 huiles ; émulsionnez-la au mixer.

La préparation des écrevisses

Mettez 4 écrevisses de côté pour la décoration, détachez les queues des autres écrevisses, retirez les carapaces, cassez les pinces, éventuellement avec le dos d'un couteau, et récupérez la chair. Salez-les et poivrez-les, arrosez-les avec 2 cuillerées à soupe de vinaigrette, mélangez.

La présentation

Lavez les fleurs de bourrache (ou de violettes et bleuets) et égouttez-les. Disposez en corolle les écrevisses décortiquées sur 4 assiettes. Décorez avec une écrevisse entière. Versez le reste de la vinaigrette sur la frisée, les chénopodes et le cresson et mélangez au dernier moment. Répartissez la salade sur les assiettes, parsemez de fleurs de bourrache et portez à table.

Melon glacé à l'hibiscus

Pour 4 personnes
Préparation : 25 min

1 gros melon + 1 melon moyen
50 g d'hibiscus sec (chez l'herboriste)
200 g de sucre
1 cuil. à soupe de grenadine

Le sirop à l'hibiscus

Mettez le sucre dans une casserole avec 40 cl d'eau. Portez doucement à ébullition pour que le sucre fonde totalement. Lorsque ce sirop arrive à grande ébullition, retirez-le du feu, ajoutez l'hibiscus, couvrez et laissez refroidir. Puis ajoutez la grenadine et mettez au réfrigérateur.

Les melons

Coupez une calotte au sommet de chaque melon. Ôtez les graines et les filaments, puis évidez chaque fruit avec une cuillère à pommes parisiennes pour former des boules. Mettez ces boules dans un saladier et laissez-les au réfrigérateur.
Égalisez l'intérieur des melons (vous confectionnerez éventuellement un jus de fruits avec les chutes de pulpe). Mettez l'écorce du petit melon et la calotte du grand melon au réfrigérateur.

La présentation

Remplissez le petit melon avec les boules de fruit, filtrez le sirop à l'hibiscus au-dessus, recouvrez avec la grande calotte et servez glacé.
Au moment de servir, goûtez et équilibrez la préparation en y ajoutant un peu de sucre ou d'eau selon l'acidité de l'hibiscus et la teneur en sucre du melon : la réussite dépend de cette alchimie délicate !

Cabillaud vapeur au jus de mélisse

Pour 4 personnes
Préparation : 30 min

800 g de filet de cabillaud avec la peau
1 botte de mélisse ou 1 botte de citronnelle
40 cl de bouillon de légumes (voir recette de base page 92)
20 cl de petit lait (voir recette de base page 92)
quelques gouttes de jus de citron
poivre mignonnette
fleur de sel de Guérande
sel

La cuisson du cabillaud

Faites chauffer le four à 220 °C.
Coupez le poisson en 4 pavés égaux.
Vérifiez qu'il ne reste pas d'arêtes.
Salez. Enfermez chaque pavé dans du papier sulfurisé avec 2 cuillerées à soupe de bouillon de légumes. Faites cuire les papillotes dans le four chaud, de 10 à 12 min selon l'épaisseur du filet de poisson.

La sauce à la mélisse

Pendant ce temps, faites réduire au tiers le reste du bouillon de légumes. Lavez la mélisse, effeuillez-la et hachez grossièrement les feuilles. Mettez-les dans le bouillon, couvrez et faites infuser 5 min. Filtrez, ajoutez le petit lait et laissez cuire environ 7 min, jusqu'à ce que le liquide prenne une légère consistance. Passez au chinois et rectifiez l'assaisonnement. Si la sauce n'est pas suffisamment acide (cela dépend de la mélisse), ajoutez quelques gouttes de jus de citron.
Si vous utilisez de la citronnelle, procédez de la même façon.

La présentation

Ouvrez les papillotes, versez un cordon de sauce à la mélisse sur chaque morceau de poisson, ajoutez quelques grains de sel de Guérande et un peu de poivre mignonnette.

Homard au beurre de vinaigre de sarriette

Pour 1 personne
Préparation : 40 min

1 homard de 600 ou 700 g, breton de préférence
2 l de bouillon de légumes (voir recette de base page 92)
5 branches de sarriette
4 cuil. à soupe de vinaigre
150 g de beurre
1/4 de cuil. à café de poivre mignonnette
sel, poivre
gros sel

La cuisson et la préparation du homard

Demandez au poissonnier de châtrer le homard mais n'attendez ensuite pas plus de 2 h pour le cuire.
Portez le bouillon de légumes à ébullition. Salez au gros sel et ajoutez le poivre mignonnette. Plongez le homard dans le liquide et, à reprise de l'ébullition, faites-le cuire 7 min.
Retirez le homard et laissez-le refroidir.
Puis rafraîchissez-le sous l'eau froide, séparez la queue de la tête, retirez la carapace de la queue, n'en gardez que le dessus et les 4 nageoires caudales. Cassez les pinces et décortiquez-les tout en gardant intactes les attaches et les extrémités.

La sauce à la sarriette

Filtrez le bouillon de cuisson du homard, faites-en bouillir 25 cl. Ajoutez hors du feu les feuilles de sarriette (sans les tiges), couvrez et laissez infuser 10 min.
Filtrez ce bouillon parfumé. Ajoutez le vinaigre et 150 g de beurre. Portez à ébullition, laissez bouillir 1 min et mixez. Vous devez obtenir une sauce sirupeuse. Si elle est trop épaisse, ajoutez un peu d'eau et de crème et mixez à nouveau. Si elle n'est pas assez sirupeuse, faites-la réduire à nouveau et mixez encore. Salez et poivrez.

La présentation

Reconstituez le homard – recouvert de sa carapace – sur une plaque à pâtisserie. Mettez-le au four à 150 °C et laissez-le cuire 3 min. Puis reconstituez-le sur une assiette, nappez la queue et les pinces d'un peu de sauce et donnez quelques tours de moulin à poivre.

Volaille de Bresse à la verveine et riz sauvage

Pour 4 personnes
Préparation : 2 h 50

1 poulet de Bresse, vidé et bridé
4 carottes
4 poireaux
1 petit oignon
120 g de riz blanc et sauvage mélangés
2,5 l de bouillon de légumes (voir recette de base page 92)
2 bottes de verveine (chez l'herboriste ou le marchand de primeurs)
150 g de crème fleurette
100 g de beurre
gros sel, sel

La cuisson de la volaille

Mettez la volaille dans un faitout. Couvrez-la à hauteur de bouillon de légumes, salez avec du gros sel et ajoutez 1 botte de verveine. Couvrez et faites cuire à très petits frémissements pendant 2 h 30.

Les carottes et poireaux

Épluchez et lavez les carottes et les poireaux et coupez-les en bâtonnets. Faites-les cuire séparément dans du bouillon de légumes à pleine ébullition. Gardez-les au chaud.

Le riz

Faites chauffer le four à 200 °C. Hachez finement l'oignon, faites-le fondre avec 50 g de beurre dans une casserole allant au four. Mesurez le riz et faites chauffer 2 fois son volume en bouillon de légumes. Mélangez le riz à l'oignon, arrosez avec le bouillon bouillant, salez, couvrez et faites cuire 18 min au four.

La sauce

Prélevez 25 cl de bouillon de cuisson de la volaille, dégraissez-le, faites-le réduire de moitié, ajoutez la crème fleurette et laissez cuire jusqu'à ce que cette sauce soit légèrement sirupeuse. Effeuillez le reste de la verveine et, hors du feu, ajoutez-le. Couvrez et laissez infuser quelques minutes. Goûtez, filtrez dès que l'arôme est suffisant et rectifiez l'assaisonnement.

La présentation

Lorsque le riz est cuit, vérifiez l'assaisonnement et ajoutez 50 g de beurre en noisettes. Égouttez la poularde, découpez-la et retirez la peau. Disposez-la sur les assiettes, entourez avec les carottes, les poireaux et le riz. Nappez de sauce et décorez d'un brin de verveine.

Sorbet d'été à l'amande, à la mélisse, à la gentiane et à l'« acha »

Pour 4 personnes
Préparation : 40 min

100 g d'amandes mondées
5 gouttes d'amande amère
1 botte de mélisse
(ou 1 botte de citronnelle)
2 morceaux de zeste de citron
1 lamelle de racine de gentiane
(ou 5 cl d'alcool de gentiane)
quelques branches d'« acha »
(ou un petit pied
de céleri-branches)
80 g de sucre

Pour la crème anglaise :
45 cl de lait
50 g de crème
100 g de sucre
4 jaunes d'œufs

La crème anglaise

Portez le lait et la crème à ébullition. Travaillez au fouet les jaunes d'œufs avec 100 g de sucre jusqu'à ce que le mélange blanchisse et mousse. Arrosez avec le lait chaud, en remuant. Reversez le tout dans la casserole et faites cuire, sans laisser bouillir, en remuant sans cesse, jusqu'à ce que la crème épaississe légèrement.

Les sorbets à l'amande, à la mélisse et à la gentiane

Séparez cette crème en 3 parties égales et, tandis qu'elle est encore bien chaude, versez-en 1/3 sur les amandes préalablement hachées, 1/3 sur la mélisse (hachée, elle aussi) en ajoutant le zeste de citron et 1/3 sur la gentiane. Si vous utilisez de l'alcool, ne l'ajoutez que dans la crème froide. Laissez refroidir. Ajoutez l'amande amère à la crème à l'amande froide. Filtrez chaque préparation et faites prendre dans une sorbetière à compartiments séparés.

Le sorbet à l'« acha »

Épluchez l'« acha » ou le céleri avec un couteau économe et passez à la centrifugeuse pour obtenir 10 cl (100 g) de jus. Faites chauffer 20 cl d'eau avec 80 g de sucre jusqu'à ce que le sucre soit totalement dissous. Ajoutez le jus d'« acha » au sirop et faites prendre en sorbetière.

La présentation

Pour servir, façonnez les sorbets avec une toute petite cuillère à glace et disposez des boules assorties sur les assiettes.

Lait de chèvre glacé au chèvre chaud et au lard ferme

Pour 1 personne

15 cl de lait de chèvre cru
1 fromage de chèvre des Aravis, affiné mais pas trop sec
2 pincées de « pimpiolet » (serpolet)
lard ferme de poitrine de porc mi-fumée
gros sel
poivre

Mettez le fromage dans un poêlon en porcelaine à feu, et passez-le sous le gril du four pendant 6 min, jusqu'à ce qu'il devienne mou, sans s'écraser.
Poivrez avec le moulin à poivre, parsemez de 4 ou 5 grains de gros sel et de « pimpiolet ».
Versez le lait glacé tout autour et dégustez avec un lard ferme de poitrine de porc mi-fumée, cuit la veille.

Les chèvres des alpages passent tout l'hiver à l'étable : c'est la saison où elles portent leur cabri. C'est donc en été qu'elles donnent leur lait avec lequel les bergers préparent de délicieux fromages qui se dégustent frais ou affinés, tels quels ou avec des pommes de terre brûlantes.

Automne

Gelée de framboises sauvages

1 kg de framboises
530 g de sucre
paraffine

Ne lavez pas les framboises. Essuyez-les si cela paraît nécessaire. Passez-les au moulin à légumes muni de la grille fine. Mettez-les dans un grand récipient à fond épais, ajoutez le sucre, mélangez et portez à ébullition. Laissez cuire pendant 6 min 30 à gros bouillons. Vérifiez la cuisson en prenant la gelée avec une cuillère et faites-en tomber quelques gouttes sur une assiette froide : elles doivent commencer à se figer. Mettez en pots et laissez refroidir. Le lendemain, la gelée doit être prise. Faites fondre la paraffine et versez-la tiède sur la gelée.

Les gelées et confitures se font toujours à la lisière de l'été et de l'automne, à l'époque où – dans la vallée de Manigod – les bois regorgent de framboises, mûres, myrtilles et fraises. Dans son enfance, Marc Veyrat se souvient que l'on cuisait les confitures dès la cueillette terminée, à l'entrée du bois : on allumait un feu, on posait la marmite dessus et on mettait en pot aussitôt.

Cèpes en salade

Pour 4 personnes
Préparation : 30 min

400 g de cèpes
fleur de sel de Guérande

Pour la sauce à la crème fleurette :
1 petit citron
1 morceau de sucre frotté sur une orange
1/2 morceau de sucre
1 cuil. à soupe de vinaigre de vin blanc
1 cuil. à soupe de vinaigre de vin rouge
1 cuil. à soupe d'huile d'olive
3 cuil. à soupe d'huile d'arachide
4 cuil. à soupe de bouillon de légumes
(voir recette de base page 92)
2 cuil. à soupe de crème fleurette très froide
poivre

Pour le jus de persil et serpolet :
3 branches de persil plat
3 branches de serpolet

Les cèpes

Nettoyez les cèpes, ne les lavez très rapidement que si nécessaire. Sinon, essuyez-les soigneusement avec un torchon humide. Gardez entiers les petits cèpes en forme d'œuf de caille que vous dégusterez croquants. Coupez les plus gros en tranches. Déposez 6 ou 7 grains de sel de Guérande sur chaque lamelle et laissez reposer 30 min.

La sauce à la crème fleurette

Épluchez le petit citron à vif (en entamant la peau blanche), séparez les quartiers, ôtez les pépins et les membranes et coupez la chair en petits dés. Mettez ces dés dans une jatte, ajoutez le sucre et donnez quelques tours de moulin à poivre. Arrosez avec les vinaigres, mélangez puis incorporez les huiles et le bouillon de légumes. Fouettez la crème fleurette jusqu'à ce qu'elle soit bien montée et ajoutez-la également dans la jatte. Mélangez bien, vérifiez l'assaisonnement, sans saler.

Le jus de persil et serpolet

Lavez soigneusement le persil et le serpolet, épongez-les et effeuillez-les. Mixez les feuilles et filtrez le jus dans une passoire tapissée d'une étamine ou d'une gaze.

La présentation

Après les 30 min de repos, ajoutez les tranches de cèpes et les petits champignons dans la jatte. Mélangez soigneusement et répartissez-les sur les assiettes. Aspergez la sauce de quelques gouttes de jus de persil et de serpolet pour augmenter légèrement l'acidité.

Plat de girolles minute au persil plat

Pour 4 personnes
Préparation : 30 min

800 g de girolles, boutons de culotte de préférence
4 branches de persil plat
100 g de beurre
sel, poivre

La cuisson des girolles

Lavez rapidement les girolles dans 3 eaux successives, sans les laisser tremper. Rincez-les et égouttez-les.
Faites fondre 50 g de beurre dans une poêle et faites-y sauter les girolles à feu très vif pendant 1 min, en remuant avec une spatule, sans laisser colorer le beurre. Égouttez les girolles et faites réduire de moitié le jus qu'elles ont rendu.
Faites chauffer le four à 250 °C.
Remettez 50 g de beurre dans la poêle et terminez la cuisson des girolles à feu vif, sans coloration, jusqu'à ce qu'il n'y ait plus de liquide et que les girolles soient liées très légèrement au beurre. Salez et poivrez.

Le jus au persil

Rincez le persil, effeuillez-le, hachez-le très finement et mettez-en un peu de côté.
Passez le reste au mixer avec le jus de cuisson des girolles pour l'émulsionner et le rendre onctueux. Vérifier l'assaisonnement.

La présentation

Disposez les girolles sur les assiettes, ajoutez 4 cuillerées à soupe de jus et un peu de persil haché. Passez 30 secondes dans le four très chaud et servez.

Féra du lac à la mignonnette de café torréfié

Pour 2 personnes
Préparation : 40 min

1 féra de 450 g
20 grains de café
75 g de beurre
sel, poivre

Pour le sabayon :
120 g de beurre
2 cuil. à soupe de café très fort
2 jaunes d'œufs
2 cuil. à soupe de crème fleurette très froide
1 ou 2 pincées de sucre
sel, poivre

La cuisson du poisson

Faites chauffer le four à 220 °C. Écaillez, videz le poisson et coupez ses nageoires. Rincez-le et épongez-le. Salez-le et poivrez-le extérieurement et intérieurement.
Écrasez les grains de café avec un pilon. Mettez-les dans une cocotte avec 75 g de beurre. Posez le poisson dans la cocotte, couvrez et faites cuire 15 min au four.
Arrosez le poisson avec son jus après 4 min de cuisson, retournez-le après 7 min et arrosez-le encore après 8 min de cuisson.

Le sabayon

Avant de préparer le poisson, faites fondre 120 g de beurre, retirez l'écume, versez le beurre dans un bol et laissez le petit lait au fond de la casserole. Fouettez la crème fleurette.
Pendant la cuisson du poisson, mettez le café dans une jatte avec les jaunes d'œufs, mélangez soigneusement au fouet, placez la jatte dans un bain-marie à feu doux et ajoutez peu à peu le beurre clarifié en fouettant sans cesse.
Ajoutez enfin la crème fouettée, du sel, du poivre et un peu de sucre, juste assez pour faire ressortir le goût du café.
Si le sabayon est trop sirupeux, ajoutez un peu de bouillon de légumes pour le liquéfier.
Si nous n'avez pas de café vraiment fort, employez du café soluble instantané, le résultat sera tout aussi satisfaisant.

La présentation

Lorsque le poisson est cuit, apportez la cocotte à table pour faire apprécier tout l'arôme qui s'en dégage quand vous ôtez le couvercle. Levez les filets du poisson, posez-les sur les assiettes et déposez un peu de sabayon au café autour.

Daurade au gros sel à l'achillée

Pour 2 personnes
Préparation : 45 min

1 daurade de 800 g, rose de préférence, écaillée et vidée
2 têtes d'achillée
350 g de farine
100 g de gros sel
1 jaune d'œuf

Pour la sauce à l'achillée :
6 têtes d'achillée et une vingtaine de feuilles (ou 6 gouttes d'extrait de quatre-épices et 1 cuil. à café d'estragon et romarin mélangés)
1/2 l de bouillon de légumes (voir recette de base page 92)
1/2 orange
150 g de beurre
2 cuil. à café de vinaigre neutre
sel, poivre

Pour le décor :
2 têtes d'achillée

La cuisson du poisson

Préparez une pâte en mélangeant la farine avec le gros sel et environ 10 cl d'eau. Préchauffez le four à 250 °C. Rincez la daurade, épongez-la bien. Salez-la à l'intérieur et introduisez 1 ou 2 têtes d'achillée dans la cavité ventrale. Étalez la pâte en un rectangle de 50 x 30 cm sur 3 à 4 mm d'épaisseur, enveloppez-en la daurade en faisant la soudure sous le poisson. Façonnez la queue, marquez la tête et la place de l'œil et tracez les écailles en pinçant légèrement la pâte avec des ciseaux. Battez le jaune d'œuf avec un peu d'eau et étalez cette dorure au pinceau. Faites cuire au four de 15 à 20 min.

La sauce à l'achillée

Faites chauffer le bouillon de légumes. Hachez finement 6 têtes d'achillée ainsi que les feuilles et faites-les infuser dans le bouillon chaud, hors du feu, avec un couvercle, de 7 à 8 min. Filtrez, puis faites réduire l'infusion pour obtenir 15 cl. Ajoutez alors le beurre en petits morceaux tout en fouettant. Incorporez un filet de jus d'orange et râpez un peu de zeste. Salez et poivrez. Filtrez et tenez au chaud.

La présentation

Vérifiez la cuisson de la daurade en piquant une aiguille à brider à la base de la tête pendant 10 secondes, puis portez l'aiguille à vos lèvres : vous devez éprouver une sensation de chaleur. Mettez la sauce dans un récipient, ajoutez le vinaigre, mixez et vérifiez l'assaisonnement. Présentez la daurade dans sa croûte, ouvrez-la, levez les filets et déposez-en 2 par assiette, nappez de sauce et décorez avec une tête d'achillée.

Trois crèmes brûlées au « fnü », à la chicorée et à la reine des prés

Pour 6 personnes
Préparation : 1 h

8 jaunes d'œufs
1 l de crème fraîche
180 g de sucre en poudre
20 cl de lait
15 g de graines de « fnü » (fenouil sauvage)
20 g de chicorée + 40 grains de café pilés
70 g de fleurs de reine des prés
50 g de cassonade
1 jus de citron

La préparation des crèmes

Mélangez vivement les jaunes d'œufs, le sucre et la crème. Partagez le mélange en trois portions égales. Répartissez le lait dans trois petites casseroles, portez à ébullition, puis baissez le feu. Ajoutez-le « fnü » dans la première, la chicorée et les grains de café dans la seconde et la reine des prés dans la troisième. Couvrez et laissez infuser 3 min hors du feu.
Passez chaque part de lait infusé au chinois et versez sur l'une des portions de crème. Mélangez et ajoutez le jus de citron.
Vous pouvez remplacer le « fnü », la reine des prés et la chicorée par de la vanille, du café ou du citron. Pour la crème à la vanille, fendez 5 gousses de vanille, grattez-les et faites infuser dans le lait puis filtrez. Pour la crème au café, faites infuser 4 sachets d'extrait de café et 60 grains de café pilés. Pour la crème au citron, faites infuser le zeste de 5 citrons puis ajoutez le jus de 2 citrons.

La cuisson

Faites chauffer le four à 100 °C.
Versez chaque crème obtenue dans 6 petits moules ronds de 4 cm de diamètre sur 3 cm de haut. Rangez-les dans un plat creux rempli d'eau chaude à mi-hauteur et faites cuire 40 min au four. Vérifiez si les crèmes sont bien cuites (elles doivent être fermes). Laissez tiédir hors du bain-marie.

La présentation

Poudrez les crèmes cuites de cassonade, puis passez-les 1 ou 2 min sous le gril du four.

Tarte aux pêches de vigne

Automne / Desserts

Pour 4 personnes
Préparation : 30 min

6 pêches de vigne bien mûres
250 g de pâte feuilletée
1 jaune d'œuf
25 g de cassonade

Pour la crème pâtissière :
25 cl de lait
1/2 gousse de vanille
2 jaunes d'œufs
50 g de sucre
30 g de farine
20 cl de crème fleurette très froide
kirsch

La crème pâtissière

Mettez le lait dans une casserole avec la gousse de vanille et portez à ébullition. Fouettez 2 jaunes d'œufs avec 50 g de sucre jusqu'à ce que le mélange soit mousseux, incorporez-y la farine, arrosez avec le lait chaud en fouettant, reversez le tout dans la casserole, ôtez la vanille, portez à ébullition et faites cuire encore 3 min en continuant à fouetter. Laissez refroidir.

Les fonds de tarte

Faites chauffer le four à 180 °C. Étalez la pâte feuilletée sur une épaisseur de 3 mm. Découpez 4 cercles de 14 à 15 cm de diamètre. Découpez également 4 longues bandes de 1 cm de large. Humectez le tour des cercles et collez une bande sur chacun d'eux. Crantez chaque bordure avec un couteau. Battez 1 jaune d'œuf avec 1 cuillerée à soupe d'eau et étalez cette dorure au pinceau sur la bordure. Piquez les fonds de tarte et faites cuire 18 min au four.

La garniture

Fouettez la crème fleurette et mélangez-en 3 cuillerées à soupe avec 4 grosses cuillerées à soupe de crème pâtissière et quelques gouttes de kirsch.
Lavez les pêches, coupez-les en deux puis en lamelles de 3 mm d'épaisseur. Garnissez les fonds de tarte avec la crème. Posez un noyau de pêche au centre de chaque tarte et rangez autour les lamelles de pêches. Parsemez les fruits d'un peu de cassonade selon leur degré de maturité.

La présentation

Au moment de servir, faites chauffer le four à la température maximum. Enfournez les tartes 5 min pour chauffer la pâte et les fruits, sans faire fondre la crème, et servez.

Tarte aux myrtilles des Alpes

Pour 4 personnes
Préparation : 40 min + 2 h de repos

500 g de myrtilles
50 g de sucre

Pour la pâte :
250 g de farine
1 cuil. à café de levure alsacienne
135 g de beurre mou
100 g de sucre
25 g de sucre glace
2 œufs

La pâte

Tamisez la farine avec la levure et disposez-les en fontaine sur le plan de travail en formant un vide central de 10 cm de diamètre. Mettez dans ce vide le beurre mou, 100 g de sucre, 25 g de sucre glace et les œufs, et travaillez ces ingrédients au fouet pour obtenir un mélange très homogène. Ramenez alors la farine au centre avec la paume des mains et frottez l'ensemble entre vos mains, sans trop insister. Roulez la pâte en boule dès que cela est possible, enveloppez-la dans un linge humide et laissez-la 2 h au réfrigérateur.

La compote de myrtilles

Lavez soigneusement les myrtilles et égouttez-les. Mettez-en 200 g dans une casserole, laissez cuire 10 min à feu moyen sans couvrir jusqu'à ce que l'eau soit évaporée. Ajoutez 50 g de sucre et passez au tamis fin. Laissez ensuite refroidir.

La cuisson du fond de tarte

Faites chauffer le four à 200 °C. Étalez finement la pâte sur le plan de travail légèrement fariné. Découpez-y un carré de 22 cm de côté. Coupez 4 bandes de 1,5 cm de large et de 22 cm de long. Humectez le tour du carré et collez-y les bandes. Piquez le fond avec une fourchette. Faites cuire de 12 à 15 min environ au four.

La présentation

Mélangez les myrtilles crues avec la compote de myrtilles, garnissez-en le fond de tarte et servez tiède.

Bolets sautés au naturel

Pour 2 personnes

6 beaux bolets
50 g de beurre
sel

Essuyez soigneusement les bolets avec un linge humide, taillez les pieds en forme de crayon pour retirer toute trace de terre et de mousse. Coupez les champignons de haut en bas en lamelles de 5 mm d'épaisseur. Faites fondre le beurre dans une poêle et faites-y sauter les lamelles de bolets à feu vif, pendant 5 min, en les remuant de temps en temps. Salez, couvrez et laissez cuire 2 min.

Chez Marc Veyrat les grosses récoltes de champignons se situent pendant la première quinzaine de septembre. On se dépêche de récolter avant l'hiver les cèpes qui doivent être cueillis très fermés et très fermes. Et pour préserver leurs arômes de mousse, de résine et de terre, on les cuisine le plus simplement du monde : une noix de beurre, salés, poivrés, sautés... « Il n'y a rien d'autre à mettre. »

Hiver

Génépi des Alpes

Macération : 40 jours

1 litre de "pigeolet" (eau-de-vie obtenue avec la pulpe des pommes préalablement pressées pour faire le cidre)
40 brins de génépi
1 tige d'arquebuse
30 sucres

Mettez tous les ingrédients dans un bocal, fermez-le hermétiquement et laissez macérer pendant 40 jours. Filtrez et mettez en bouteilles. Prenez soin de respecter la nature : le génépi est protégé dans certaines régions. Cette vieille recette me vient de mes grands-parents avec qui j'ai appris à la préparer.

En France, l'eau-de-vie bénéficie d'une appellation d'origine et est soumise à une réglementation très sévère. Sa qualité est affaire de traditions et d'usages « francs et loyaux ». Si l'eau-de-vie contient une dose élevée d'alcool – et doit donc être consommée avec modération – elle est aussi riche d'éléments olfactifs et gustatifs rappelant les fruits ou herbes d'origine. C'est ce goût naturel qui fait sa valeur et son caractère.

Tartiflette au reblochon

Pour 4 personnes
Préparation : 45 min

600 g de pommes de terre (rates du pays)
1 reblochon
150 g de poitrine de porc fumée
4 tranches de jambon fumé (du Gaulois)
4 cuil. à soupe de crème fouettée
1 petit oignon
5 cl de vin blanc
5 g de beurre
sel

La préparation des ingrédients

Lavez les pommes de terre, mettez-les dans une casserole d'eau froide, salez légèrement et faites cuire 20 min.
Pelez l'oignon et hachez-le très finement. Faites-le fondre dans une petite casserole avec 5 g de beurre, sans le laisser blondir.
Versez le vin blanc, grattez avec une spatule et laissez réduire jusqu'à ce qu'il ne reste que 2 cuillerées à soupe de liquide.
Coupez la poitrine de porc en petits lardons et faites-les blondir dans une poêle antiadhésive, sans qu'ils deviennent croustillants.
Grattez légèrement la croûte du reblochon et coupez le fromage en 2 disques égaux.

La cuisson de la tartiflette

Préchauffez le four à 220 °C.
Égouttez les pommes de terre, épluchez-les et coupez-les en dés de 1,5 cm de côté. Mélangez-les avec l'oignon, les lardons et la crème fouettée. Mettez le tout dans un plat allant au four. Posez dessus les 2 demi-reblochons, côté croûte au-dessus, couvrez d'aluminium et passez 10 min au four.
Ôtez l'aluminium, mélangez avec une fourchette, goûtez et rectifiez l'assaisonnement. Moulez le tout dans un grand cercle ou dans 4 cercles individuels. Si vous ne possédez pas de cercle, employez 1 plat rond ou 4 ramequins. Repassez 5 min au four jusqu'à ce que le dessus blondisse.

La présentation

Ôtez les cercles, entourez les tartiflettes de jambon fumé ou présentez-le à part. Servez sans attendre.

Salade de haricots blancs à l'essence de truffes

Pour 4 personnes
Préparation : 3 h

400 g de haricots de Soissons
1 carotte
1 petit oignon
2 clous de girofle
2 l de bouillon de légumes (voir recette de base page 92)
1 petit bouquet garni
fleur de sel de Guérande

Pour la sauce :
3 cuil. à soupe de porto
15 cl de jus de truffe
10 cl de bouillon de légumes
10 cl de jus de veau (facultatif ; voir recette de base page 92)
150 g de beurre
100 g de truffes, de Seyssel de préférence
sel, poivre

Les haricots

La veille, faites tremper les haricots dans de l'eau froide. Le lendemain, grattez la carotte, pelez l'oignon et piquez-le de 2 clous de girofle. Égouttez les haricots, mettez-les dans une casserole avec 2 litres de bouillon de légumes. Portez à ébullition. Écumez dès les premiers frémissements. Ajoutez la carotte, l'oignon et le bouquet garni, couvrez et faites cuire à feu très doux pendant 2 h 30. Salez à la fleur de sel aux 3/4 de la cuisson.
Lorsque les haricots sont cuits, laissez-les refroidir légèrement. Retirez la grosse peau qui les enveloppe et gardez-les au chaud au fur et à mesure dans un peu de jus de cuisson.
Attention à la cuisson des haricots, l'eau doit seulement frémir car s'il y a grosse ébullition, ce légume durcit, cuit mal et n'est pas bon.
Il en va de même si vous salez trop tôt le liquide.
S'il n'y a plus assez de liquide pendant la cuisson, rajoutez de l'eau chaude.

La sauce

Faites réduire le porto à sec, ajoutez 10 cl de jus de truffe et faites réduire jusqu'à 1 cuillerée à soupe, à couvert. Ajoutez alors 10 cl de bouillon de légumes, le jus de veau et le beurre.
Émulsionnez au mixer et laissez réduire légèrement. Coupez les truffes en lamelles.
Mettez-en 1/3 dans l'émulsion avec le reste du jus de truffe. Vérifiez l'assaisonnement.

La présentation

Disposez les haricots dans les assiettes, mettez un cordon de sauce autour, répartissez le reste des truffes sur les haricots et servez chaud.

Coquilles Saint-Jacques sautées au pistil de crocus des neiges

Pour 4 personnes
Préparation : 35 min

4 kg de coquilles Saint-Jacques (20 noix, sans corail)
jus de citron
fleur de sel de Guérande

Pour la sauce au crocus ou au safran :
quelques pistils de crocus des neiges (ou quelques stigmates de safran)
1/2 l de bouillon de légumes (voir recette de base page 92)
1/4 de l de petit lait (voir recette de base page 92)
15 g de beurre
sel, poivre

La sauce au crocus ou au safran

Faites réduire le bouillon de légumes de moitié. Ajoutez le petit lait et faites à nouveau réduire de moitié. Ajoutez alors le crocus (à ne pas confondre avec le colchique d'automne qui est très toxique) ou le safran et laissez chauffer quelques minutes. Rectifiez l'assaisonnement et gardez au chaud.

Les coquilles Saint-Jacques

Rincez les noix des coquilles Saint-Jacques que le poissonnier aura préalablement préparées (vérifiez qu'il ait bien retiré le petit boyau noir). Épongez-les. Faites chauffer une sauteuse à revêtement antiadhésif et saisissez-y les mollusques à feu très vif, 1 min 30 de chaque côté, à sec. Déposez les noix de Saint-Jacques sur les assiettes. Versez le jus de citron dans la sauteuse et grattez le fond avec une spatule en bois. Faites réduire de moitié, ajoutez la sauce au crocus, faites réduire au tiers. Incorporez alors 15 g de beurre et mixez. Vérifiez que le goût safrané est suffisant, sinon ajoutez 6 ou 7 pistils de crocus ou de safran.

La présentation

Semez quelques grains de sel sur les coquilles, entourez-les d'un cordon de sauce et servez.

Fromage de brochet à l'origan

Pour 10 personnes
Préparation : 1 h

500 g de chair de brochet
et l'arête centrale du poisson
1 petite échalote
180 g de beurre
2 cuil. à soupe d'armagnac
5 œufs
20 g de sel
20 g de sucre
1/2 l de crème fleurette
100 g de fromage blanc

La sauce :
1 petite échalote
2 carottes
1 bouquet garni
poivre mignonnette
30 cl de vin blanc
1/2 l de bouillon de légumes
(voir recette de base page 92)
20 g de beurre
3 cuil. à soupe de crème fleurette
20 fleurs d'origan
(ou de marjolaine domestique)
50 g de fromage blanc
sel, poivre

Le fromage de brochet

Faites chauffer le four à 180 °C.
Épluchez et hachez 1 échalote. Faites fondre l'échalote dans une poêle avec 30 g de beurre. Ajoutez les filets de brochet et faites-les sauter 15 secondes de chaque côté. Flambez à l'armagnac. Mixez le tout en ajoutant peu à peu 150 g de beurre préalablement fondu, les œufs, 20 g de sel, le sucre, 1/2 litre de crème et 100 g de fromage blanc. Passez le tout au tamis. Beurrez 10 ramequins. Répartissez-y la préparation, puis placez-les dans un bain-marie chaud mais non bouillant. Couvrez de papier sulfurisé et faites cuire 30 min au four.

La sauce

Épluchez et hachez 1 échalote. Pelez les carottes et coupez-les en petits dés. Mettez carottes et échalote dans une casserole avec l'arête hachée, le bouquet garni et un peu de poivre mignonnette, laissez quelques minutes à feu doux, arrosez avec le vin blanc, faites réduire jusqu'à 4 cuillerées à soupe, versez le bouillon de légumes dessus et faites cuire 15 min. Filtrez le tout, remettez sur le feu. Lorsque la sauce est sirupeuse, ajoutez 20 g de beurre et les 3 cuillerées de crème. Vérifiez l'assaisonnement. Ajoutez alors les fleurs d'origan, laissez infuser 5 min hors du feu, à couvert, et filtrez. Incorporez le reste du fromage blanc, montez la sauce au mixer, vérifiez l'assaisonnement.

La présentation

Démoulez les fromages sur les assiettes chaudes, versez la sauce autour et servez.

Huîtres pochées au thé de montagne

Pour 4 personnes
Préparation : 30 min

24 huîtres spéciales n°2, grasses en laitance

Pour la sauce au thé :
1/2 l de bouillon de légumes (voir recette de base page 92)
30 jeunes pousses de thé de montagne et leurs fleurs, cueillies avant midi,
(ou 1 cuil. à soupe de feuilles de thé de Ceylan)
1/2 cuil. à café de zeste d'orange
8 cl de crème fleurette
30 g de beurre
sel, poivre

Les huîtres

Ouvrez les huîtres au-dessus d'un récipient pour récupérer l'eau contenue dans les coquilles, retirez les huîtres des coquilles, ôtez le pied qui est un nerf cartilagineux et mettez les mollusques dans une passoire – au-dessus du récipient – pour récupérer toute leur eau. Lavez soigneusement les coquilles creuses.
Faites chauffer le four à 250 °C.
Faites réduire le bouillon de légumes au quart. Faites-y infuser le thé et le zeste d'orange, hors du feu, de 3 à 4 min, à couvert. Filtrez l'infusion, remettez-la sur le feu et pochez-y les huîtres 30 secondes à partir des premiers frémissements, sans laisser bouillir.
Déposez les huîtres dans les coquilles et calez les coquilles sur un plat.

La sauce au thé

Ajoutez la crème dans le bouillon au thé et faites bouillir, incorporez 30 g de beurre, laissez réduire 3 min, puis mixez pour émulsionner la sauce. Ajoutez 10 cl de l'eau des huîtres, faites réduire au quart, réémulsionnez au mixer, vérifiez l'assaisonnement. Si la sauce est trop astringente, ajoutez un peu de sucre pour compenser cette caractéristique due au tanin du thé et réémulsionnez pour obtenir une sauce qui doit être à la fois onctueuse et assez liquide.

La présentation

Mettez un cordon de sauce dans chaque coquille d'huître.
Passez les huîtres 30 secondes dans le four très chaud (ou en position gril ou salamandre).
Servez aussitôt.

Paleron au jus de mondeuse et aux bébés carottes

Pour 8 personnes
Préparation : 3 h

2,5 kg de bœuf à braiser
2 l de vin de mondeuse
(ou de vin jeune de Bourgogne)
3 oignons
6 carottes moyennes
150 bébés carottes
1 l de bouillon de légumes
(voir recette de base page 92)
1 cuil. à café de poivre mignonnette
1 bouquet garni
120 g de beurre
1 morceau de sucre
fleur de sel de Guérande
sel, poivre

La cuisson au vin de mondeuse

Demandez au boucher de couper la viande en 4 morceaux et de les ficeler. Faites fondre le beurre, retirez l'écume, versez-le dans un bol en laissant le petit lait au fond de la casserole. Portez à ébullition le vin et le sucre, puis flambez. Émincez les oignons, épluchez les 6 carottes et coupez-les en petits dés. Préchauffez le four à 230 °C. Faites chauffer le beurre clarifié dans une cocotte et saisissez-y la viande à feu vif de tous côtés. Salez-la et poivrez-la. Retirez-la de la cocotte. Mettez à sa place les oignons, les dés de carotte, le poivre mignonnette et le bouquet garni. Laissez fondre quelques minutes à feu doux. Posez la viande sur ces aromates, arrosez avec le vin, ajoutez le bouillon de légumes. Portez doucement à ébullition, couvrez et faites cuire au four pendant 2 h 30. Retournez la viande toutes les 30 min. Lorsque la viande est cuite, retirez-la de la cocotte et gardez-la au chaud.

Le jus de mondeuse

Le liquide de cuisson de la viande doit alors avoir réduit et s'être transformé en un jus sirupeux. Dans le cas contraire, faites réduire encore. Puis passez cette sauce au chinois et rectifiez l'assaisonnement.

La présentation

Une fois que vous aurez fait cuire les bébés carottes 10 min à la vapeur, répartissez-les dans les assiettes chaudes avec la viande, chaque morceau de paleron ayant été coupé en deux. Ajoutez un cordon de sauce et parsemez de grains de sel de Guérande.

Tarte aux pommes grand-mère

Pour 4 personnes
Préparation : 40 min

250 g de pâte feuilletée
1,5 kg de pommes creson, canada ou reinette
2 bâtons de cannelle
100 g de beurre
200 g de sucre
25 cl de petit lait
(voir recette de base page 92)

Le fond de tarte

Faites chauffer le four à 220 °C. Étalez la pâte feuilletée sur une épaisseur de 3 mm. Posez-la sur un moule à tarte de 22 à 24 cm de diamètre. Maintenez la pâte avec de l'aluminium et des haricots secs, en laissant retomber le surplus tout autour, à l'extérieur du moule. Égalisez ce surplus et entaillez-le avec un couteau, à intervalles réguliers, pour former de grandes dents.
Mettez au four, faites cuire 15 min, retirez les haricots et l'aluminium et achevez la cuisson de la pâte.

Les pommes

Épluchez les pommes et prélevez la pulpe en boules avec une cuillère à pommes parisiennes. Faites fondre le beurre dans une sauteuse et faites-y sauter les boules de pomme. Poudrez-les avec 50 g de sucre à mi-cuisson pour les caraméliser.
Lorsque les pommes sont cuites, sans être écrasées, réservez-les sur un plat les unes à côté des autres.

La sauce au caramel

Faites bouillir 150 g de sucre avec 10 cl d'eau jusqu'à l'obtention d'un caramel brun.
Ajoutez alors le petit lait, en prenant garde aux projections, et laissez réduire jusqu'à ce que la sauce soit sirupeuse.

La présentation

Démoulez la pâte, déposez-y les boules de pomme après avoir planté dans chacune d'elles un petit morceau de cannelle comme pour figurer la queue d'une cerise.
Servez tiède, avec la sauce à part.

Pain perdu des chalets d'alpage

Pour 4 personnes

4 tranches de pain de Manigod rassis
4 œufs
3/4 de l de lait
100 g de beurre
sel, poivre
sucre glace

Cassez les œufs dans un saladier, ajoutez le lait et battez le tout avec une fourchette. Salez et poivrez. Trempez le pain dans ce mélange.
Faites fondre le beurre dans une poêle.
Faites dorer le pain 2 min de chaque côté dans le beurre pétillant.
Lorsque la cuisson est presque terminée, poudrez le pain de sucre et laissez caraméliser.
Il est préférable d'employer le sucre que l'on a stocké dans un bocal avec 2 gousses de vanille fendues en long.

Rien n'est plus simple que le pain. Dans nos pays, il a longtemps été l'essentiel du repas. Coupé en larges tranches, il servait même parfois d'assiette, pour déguster ce qui avait été cuisiné. Le pain est hélas devenu un accompagnement de plus en plus discret. Autant de raisons pour le redécouvrir quand il est bon...comme celui que l'on cuit à Manigod, et qui est renommé dans toute la vallée.

La cuisine de nature supporte difficilement les matières grasses, les excès de beurre ou de crème. Pour ne pas dénaturer le délicat parfum des produits et des herbes, Marc Veyrat a donc mis au point une méthode qui repose sur l'emploi du bouillon de légumes et le principe des infusions et des émulsions. Dans cet esprit, la vinaigrette préparée avec les ingrédients préconisés par Marc Veyrat, puis émulsionnée, devient magiquement plus légère et digeste.

Bouillon de légumes

Mettez dans un faitout 3 carottes coupées en dés, 1 blanc de poireau, 1 gousse d'ail, 1/2 oignon, 1 bouquet garni (vert de poireau, tiges de persil, branche de fenouil, 3 feuilles de laurier, 1 branche de thym), 1 échalote, 2 l d'eau et 20 cl de vin blanc. Faites cuire pendant 35 min. Filtrez. N'ajoutez ni sel ni poivre car ce bouillon devra subir des réductions.

Petit lait

Marc Veyrat utilise du petit lait issu du lait de vache. Vous pouvez en commander à votre crémier ou le remplacer par 10 cl de lait, 10 cl d'eau et 10 cl de crème fleurette que vous faites réduire ensemble à 10 cl.

Jus de veau

Ce jus remplace les fonds pour certains mets. Faites colorer 1 kg de poitrine de veau avec os, coupée en morceaux de 3 cm, avec 50 g de beurre. Ajoutez 6 carottes, 2 oignons, 2 échalotes, 1 gousse d'ail coupée en petits morceaux, et 1 bouquet garni. Faites suer 10 min à four vif, dégraissez. Déglacez avec 1/2 l de vin blanc, réduisez à sec et mouillez avec 4 l d'eau. Ajoutez 1 cuil. à café de poivre mignonnette. Faites cuire 1 h au four à 220°C, à couvert. Filtrez. Vous devez obtenir 75 cl de jus brun.

Vinaigrette

Émulsionnez avec le mixer 1 cuil. d'huile d'olive, 3 cuil. d'huile d'arachide, 1 cuil. de vinaigre de vin blanc, 1 cuil. de vinaigre de vin rouge, 4 cuil. de bouillon de légumes, 1/2 sucre frotté sur l'écorce d'une orange, sel, poivre.

Principe de l'infusion

Une infusion se prépare comme du thé ou une tisane. L'herbe, ou l'aromate, jetée dans le liquide bouillant, communique ses propriétés parfumées à ce liquide, hors du feu et à couvert. Plus la quantité d'herbes est importante, plus l'infusion est rapide. C'est pourquoi il vous faut goûter à plusieurs reprises pour vérifier la saveur de l'infusion et l'équilibrer en ajoutant un peu d'herbes ou un peu de liquide. Filtrez dès que la bonne saveur est obtenue.

Pour les citadins qui ont oublié le goût des herbes sauvages, les recettes embaumées de Marc Veyrat sont une invitation à redécouvrir les ressources gourmandes de notre patrimoine naturel. Si vous n'avez pas l'occasion de cueillir vous-même ces plantes savoureuses, vous n'aurez cependant aucune difficulté à réaliser les recettes qui vous sont présentées ici. Vous trouverez dans la liste des ingrédients (ou dans la recette) une possibilité de remplacer les herbes sauvages par des produits similaires, disponibles sur les marchés. N'hésitez pas, pour les plantes rarement commercialisées, à passer vos commandes à l'avance auprès de votre marchand de primeurs.
Que tous ces produits de remplacement ne vous empêchent pourtant pas de goûter, un jour ou l'autre, aux saveurs si particulières des plantes sauvages. La plupart des herbes utilisées par Marc Veyrat – comme la sauge des prés ou l'origan – sont assez faciles à identifier. Mais il en est d'autres, beaucoup plus mystérieuses, d'autant que notre chef les désigne parfois de noms connus de lui seul. Pour vous aider à les reconnaître, nous vous en donnons, ci-contre, un bref descriptif que vous compléterez utilement en consultant l'*Herbier Gourmand* de Marc Veyrat et François Couplan (éd. Hachette). Vous pourrez dès lors vous initier au plaisir rare de ces cueillettes parfumées. Avec prudence ! N'oubliez pas que les herbes, comme les champignons, peuvent être toxiques. Par ailleurs respectez l'équilibre naturel et renseignez-vous sur les espèces protégées.

« Acha » / Ache
L'ache des montagnes, ou livèche, est réputée pour ses qualités gustatives depuis la plus haute Antiquité. Cette plante ombellifère s'apparente, par son feuillage et sa saveur, à deux espèces cultivées comme comestibles : le céleri-rave et le céleri à côtes.

Achillée
Cette plante vivace se reconnaît à ses longues tiges raides, coiffées d'un bouquet aplati de petites fleurs blanches. Les feuilles – qui ont un parfum légèrement mentholé, mêlé d'arômes de carotte et champignon – se dégustent en salade au printemps. En été, on les utilise hachées, comme condiment.

Chénopode blanc
« Mauvaise herbe » annuelle à tiges dressées portant des feuilles à contour sinueux. Celles du sommet sont couvertes, par dessous, d'une couche farineuse. Les jeunes pousses sont délicieuses en salade. À maturité, elles constituent un légume délicat, bien plus fin que son cousin l'épinard.

« Fnü » / Fenouil sauvage
Sous le nom mystérieux de « fnü », Marc Veyrat désigne le fenouil sauvage. Cette plante, d'un beau vert bleuté et portant des ombelles de petites fleurs jaunes, possède un délicieux parfum d'anis. Les pousses et jeunes tiges se dégustent crues, les feuilles se cuisent comme des légumes, et les fleurs et graines aromatisent délicieusement toutes sortes de plats et boissons.

« Pimpiolet » / Serpolet
Cette plante, que Marc Veyrat nomme affectueusement « pimpiolet », rampe sur le sol, parée de fleurs roses. C'est une cousine du thym mais son parfum, quoique puissant, est plus fin, avec une note mentholée très fraîche.

Reine des prés
On la reconnaît aux panaches vaporeux de ses fleurs blanc crème. Feuilles et petits fruits en spirale ont un arôme singulier de muscat et d'amande que Marc Veyrat associe aux crèmes et sorbets.

Table des recettes

Index des recettes

Remerciements

L'éditeur remercie tous ceux qui ont collaboré à cet ouvrage et qui ont mis leur talent au service de la cuisine de Marc Veyrat : Valérie Raymond-Stempowska (céramiste) ; Jean-Baptiste Astier de Villatte (céramiste-décorateur) ; Baltimore (groupe textile) ; Claude Robert (souffleur de verre) ; Jean-Marie Soler (designer bois-étain) ; Didier Courtial (graphiste) ; Bernardaud ; Emilia Castillo ; Étains du Manoir ; Etni Tecni ; Haviland & Parlon ; Inès de la Fressange ; Kenzo ; La Boutique Scandinave ; Léonardo ; Mathias pour Molin ; Quartz ; Site Corot et Unicof. Taitu.
L'éditeur remercie également Christine Martin pour son aide précieuse.

Les recettes de cet ouvrage sont extraites
de *Fou de saveurs*, de Marc Veyrat,
paru aux éditions Hachette.

Responsables éditoriales :
Florence Lécuyer et Brigitte Éveno
Direction artistique : Marc Walter - Chine
Réalisation : Hervé Droin - Chine
Collaboration rédactionnelle : Catherine Donzel

Dépôt légal : 06074-10/2000
N° d'édition : 7746
23.27.6562.5/01
ISBN : 2012365620